nutale

MÓNICA MORÁN
@monismurf

Diario de una muser

MÓNICA MORÁN
@monismurf

Diario de una muser

DESTINO

DESTINO INFANTIL Y JUVENIL, 2018
infoinfantilyjuvenil@planeta.es
www.planetadelibrosjuvenil.com
www.planetadelibros.com
Editado por Editorial Planeta, S. A.

Realización: Montse Armengol y Enrique J. Gisbert

Avda. Diagonal, 662-664, 08034 Barcelona

Primera edición: octubre de 2018
Tercera impresión: noviembre de 2018
ISBN: 978-84-08-19596-2
Depósito legal: B. 17.887-2018

Impreso en España – *Printed in Spain*

El papel utilizado para la impresión de este libro es cien por cien libre de cloro y está calificado como papel ecológico.

Este libro pertenece a...

Consejos para triunfar en Musical.ly

1 DIVIÉRTETE

De pasarlo bien... 30

... a pasarlo ¡genial! 32

2 SÉ COHERENTE

Céntrate en lo que sabes hacer... 38

... o simplemente sé tu misma 40

3 BUSCA EL EQUILIBRIO

Sé una crack de la técnica... 46

... o deja fluir la creatividad 48

4 PIENSA ANTES

Preparase mucho... 54

... o improvisar 55

5 COMUNÍCATE CON TUS FANS
Interactúa con tus seguidores... 62
... y observa a los imitadores 67
6 MANTÉN EL EQUIPO A PUNTO
Hazte con los accesorios... 70
... o apáñate con lo que tengas a mano 71
7 ÉCHALE GANAS
Crea muchos, muchos musical.lys... 76
... o mejor pocos musical.lys, pero bien hechos 78
8 CREA UN ESTILO PROPIO
Cuida tu look 84
De verdad, ¿hay que estar siempre estupenda? 86
9 CUIDA TUS RECURSOS
¡Ssssht! ¡No reveles tus secretos! 92
... o comparte tus truquillos 94
10 SOBREVIVE AL ÉXITO
Ser influencer... 100
... o ser simplemente tú 102

Cosas y casos

TRUCOS

Girando y volteando 106
Transiciones perfectas 107
Y... se hizo la luz 110
Y ¿lo del humo? 112
Y ahora, todo junto 114

DICEN DE MÍ...

... mis seguidoras 116
... mis amigos 122

EXPERIENCIAS

Las quedadas 130
Encuentros emotivos 136
Las charlas en las escuelas 140

¡Hola! Soy Mónica

Soy Mónica Morán.
Aunque quizá te suena
más...
monismurf

Esta es mi presentación para este libro, y lo primero que me viene a la cabeza es: ¿me presento como Mónica, o como monismurf? Pues quizá mejor como Mónica, porque lo primero que te quiero decir es que

soy una chica como tú.

Me gusta, por encima de todo, quedar con mis amigos y amigas, pasar horas hablando en mi habitación o en una cafetería, hacernos selfies, cantar, **reírnos juntos** de cualquier chorrada, tomar un helado o un *smoothie*, dar una vuelta por la calle, ir de compras, pasar la tarde en el centro comercial, ir al cine...

Me gusta también encerrarme en mi habitación sin que nadie me moleste, a solas con mis cosillas, y **bailar** como una loca, probarme nuevos looks, jugar con mi gatito *Oreo* y con el nuevo gatito que tengo y que todavía no tiene nombre. O simplemente pasar el rato tirada en la cama y **soñar**...

Vivo en León con mi familia. Al escribir estas líneas ya he cumplido los dieciocho, acabo de celebrar mi fiesta de graduación y ha llegado ese momento tan serio en que me estoy planteando cómo encarar mi futuro: qué voy a estudiar, dónde quiero vivir, qué quiero ser de mayor.

Y ¿qué más? ¡Ah! ¿Cómo podía olvidarme...?

Me mola,

me encanta,

me apasiona Musical.ly.

Empecé a juguetear con la aplicación hace apenas un año. Mi éxito fue inmediato: el primer mes, ¡cien mil seguidores! Fue desconcertante y todavía hoy me cuesta creerlo. La cifra fue subiendo hasta superar el millón y medio de seguidores —me acaban de dar la corona, ¡muy pocos **musers** la alcanzan!—, y resulta que, a día de hoy, soy **la muser número uno** de España.

¡Qué locura!

Y... ¿que cómo llevo eso de ser famosa? Pues todavía ahora, con todo este tiempo como **muser**, es una sensación asombrosa y contradictoria. Para mí eso de ser influencer era otro mundo y me resultó confuso entrar en él. Que me paren por la calle y me pidan fotos, o ver a las niñas imitándome y recibir cada día todos esos mensajes de cariño me abruma, y al mismo tiempo me hace mucha, muchísima ilusión y me anima a continuar.

Por otra parte, a veces, cuando veo la cifra de seguidores, me pongo a pensar que tras cada número hay una persona. Soy muy consciente de la influencia que puedo ejercer y entiendo la responsabilidad que eso conlleva. Soy un referente, y a veces eso me da vértigo.

Monis... ¿qué?

Monismurf. Ese es mi nickname, y muchas me preguntan por qué. Muy sencillo: *smurf* significa pitufo en inglés... y sí: yo soy bajita y, por lo que me dicen amigos y familia, tan simpática como esas criaturillas azules.

La mayor parte de las cartas que recibía al principio eran de niñas que miraban mis musical.lys, pero que no se habían lanzado a hacer sus propios vídeos. Y viéndome a mí se animaron a empezar porque se dieron cuenta de que partiendo de cero se puede llegar a triunfar.

En tanto que soy una chica normal, que no soy un mito inalcanzable, que cuento historias cotidianas y que doy mucho, muchísimo valor a la amistad, pienso que soy un modelo de éxito con la sencillez, naturalidad y autenticidad. Así que me siento tranquila y feliz

porque sé que transmito a mis seguidoras valores positivos, **un mensaje bonito.**

De todos modos, quiero que sepáis que hay una vida detrás de todo esto, detrás de los musical.lys, de los *likes* y de los comentarios. Y es la vida de una chica no muy distinta de cualquier otra adolescente, salvo por ese salto tan rápido e inesperado a la fama.

En este libro te cuento cómo me he convertido en una **muser** de éxito. Pero ante todo quiero explicarte que hay una vida detrás de esto, y es **una vida como la tuya.**

Y ahora viene cuando me pongo seria y trascendental...

Porque no me negarás que ser adolescente a veces es desconcertante. Pasas de estar rodeada de gente y pasándolo genial, a sentirte terriblemente sola. Y esas emociones contradictorias te pasan el mismo día, a veces en cuestión de minutos, y muchas veces no sabes por qué.

A mí me pasa, y a ti, que me lees, seguro que también. ¿Me equivoco?

Pero una de las cosas geniales de ser una chica es que compartir sentimientos es algo que sabemos hacer la mar de bien. Una chica como tú, una buena amiga, entenderá exactamente cómo te sientes y estará encantada de apoyarte en esa emoción.

Empatía: Esta es la palabra que define todo esto que te cuento. Y esa capacidad es una de las razones por las que me resulta tan fácil conectar con mis seguidoras. O, según como lo mires, que sea tan fácil para vosotras conectar conmigo. En mis musical.lys comparto risas con mi gente y comparto momentos de soledad. Y sin necesidad de palabras, aunque es cierto que muchas de las canciones que interpreto hablan de sentimientos.

Muchas de vosotras, cuando os sentís solas, encontráis compañía en mis musical.lys. Me encanta que confiéis en mí y que en cierto modo mis vídeos os resulten un consuelo. Aunque, por supuesto, ¡me gusta mucho más que os sirvan de **diversión!**

La empatía, la espontaneidad y la naturalidad es lo que quiero transmitir y, con todo ello, la esperanza para todas mis seguidoras de que ellas también pueden triunfar simplemente siendo **auténticas**.

Y ¿para qué este libro?

Sois muchas las que me preguntáis cómo y por qué he triunfado, que me pedís que desvele mis truquis y, sobre todo, que queréis saber cómo vivo esto de tener tantísimos fans y cómo llevo mi éxito. Para eso está este libro: para responder a las preguntas que tantas seguidoras me hacéis cada día. Pero por encima de todo, me gustaría que este libro os sirva para animaros a crear vuestros musical.lys con vuestro estilo personal. Para que comprendáis que con unas cuantas herramientas y consejos y, sobre todo, haciendo uso de vuestra creatividad, algún día vosotras también podréis llegar a ser unas grandes **musers**. Y, además, para ayudaros un poquitín, voy a contaros **mis secretos, del 1 al 10**.

A tener en cuenta...

Si sueñas en ser una **muser** de éxito como yo, antes de empezar, ten en cuenta que Musical.ly es una comunidad social enorme a la que cada día se unen más y más personas. Cuando alguien triunfa, enseguida salen los imitadores. Es normal. Pero no hay dos **musers** iguales. Me refiero a **musers** de los grandes. Todos los que destacamos, lo hacemos porque tenemos algo original que mostrar, porque somos distintos, auténticos. Y también porque cuidamos lo que hacemos, porque lo hacemos bien.

Por eso, aunque yo te cuente mis truquillos, tienes que saber que **no hay recetas infalibles para triunfar.** Este libro no ofrece un decálogo para seguir al pie de la letra: en realidad te doy veinte consejos, porque para cada tema hay dos opciones y solo tú sabrás cuál encaja más contigo, con tu forma de ser. Podrás escoger mi recomendación en función de si te tomas las cosas con calma y eres perseverante o si eres lanzada e impulsiva.

De si te gusta entretenerte en la parte técnica o si le das prioridad a tu gracia y salero. Y de muchas más cosas, todas ellas cualidades positivas. Lo importante es que algunas te llevarán más allá de Musical.ly y las podrás aplicar en la vida.

Después de los 10 consejos, en una segunda parte del libro, he preparado unos pequeños apartados con detalles que hablan de mí, de lo que hago y de cómo lo vivo. Son los siguientes:

Trucos. Muchos me preguntáis cómo hago tal cosa o tal otra, cómo consigo un efecto llamativo, una transición impactante. En esta sección te apunto algunas técnicas de grabación y trucos de montaje que se pueden hacer con Musical.ly. Como insistiré más adelante, nada te saldrá bien a la primera, y yo llevo mucho tiempo jugueteando con la aplicación. El secreto es insistir en la práctica y no colgar tu musical.ly hasta que esté bien resuelto.

Dicen de mí. Aquí destaco algunos comentarios de mis seguidoras, que a veces me decís cosas muy graciosas que me llaman la atención. Mis mejores amigos también han querido apuntar algo sobre mí en este libro. ¡Madre mía! ¡Qué vergüenza! Espero que no se hayan pasado mucho.

Experiencias. Aquí te cuento algunas cosas que me han sucedido y que he vivido con intensidad a raíz de convertirme en una ***muser*** famosa. Las quedadas, las charlas en las escuelas o conocer a una niña muy valiente y especial son experiencias que difícilmente habría vivido si no hubiera triunfado en Musical.ly.

Y entre unas cosas y otras, encontrarás también mis pensamientos. Frasecillas que voy soltando por ahí y que a veces llaman la atención y que mis editoras, que son unas tipas raras que me escuchan mucho, las han encontrado interesantes y me han pedido que las apunte. No te tomes muy en serio esas ocurrencias... quien me conozca bien se reirá solo al leerlas. ¡Son tal como soy!

¿Estás lista?

¡Gracias!

Como ***muser*** me han enriquecido mucho los comentarios de mis seguidoras y no podría haber escrito este libro si no hubiese sido por vosotras. ¡Muchas gracias por estar ahí!

¡Gracias!
¡Gracias!
¡Gracias!

10

tri

Mu

consejos para unfar en sical.ly

1

Di-vier-tete

De pasarlo bien...

Pasarlo bien. **Ese es el secreto número uno,** porque hablamos de una aplicación que sirve para divertirse y para compartir la diversión. Y esa fue la primera motivación que me enganchó a Musical.ly: simplemente, disfrutar.

No sé deciros exactamente cuándo fue, porque no fue cosa de un día. La aplicación estaba de moda, las compañeras del cole grababan sus cosillas y luego las colgaban en Musical.ly. A veces les salía algo curioso y sorprendente, a veces eran solo tonterías, pero lo importante es que nos echábamos todas **unas risas.**

Y a raíz de Musical.ly empecé a conocer a más gente, y sentíamos que teníamos algo que compar-

tir, que estábamos unidos por una afición, una diversión, **algo en común.**

Por supuesto que puedes divertirte tú sola en casa grabando tus musical.lys. Ni siquiera es obligatorio pasarlos a público: puedes grabar y guardar tus vídeos en privado para dar rienda suelta a tu creatividad, sin más. Pero Musical.ly es una red social, así que la diversión todavía puede crecer. Utilízala, si quieres, para mostrar tus creaciones a tus amigos y amigas.

Importante: no compartas tus musical.lys buscando agradar a nadie, comparte para divertirte y divertir.

...a pasarlo

Muy pronto empecé yo también a colgar mis musical.lys, hechos a mi manera, y con eso vinieron más risas, y empezaron los *likes* y los comentarios que me motivaron y de ahí, sin esperarlo, casi sin querer, ***todo fue a más.***

En realidad, no perdí jamás la esencia, y si os fijáis os daréis cuenta de que muchos de mis musical.lys siguen siendo situaciones divertidas, del tipo de rodar por el suelo con Iván o hacer footshakes con Jordi. Situaciones simples y cotidianas, espontáneas. Pero si son graciosas entre nosotros, que somos buenos amigos, pasaron a divertir también a todos los que me siguen y, de este modo, pasé a utilizar Musical.ly para conocer a más gente. Y eso es algo tremendamente valioso.

Eso sí, por supuesto, si interactúas con gente nueva, como en cualquier otra red social, ¡ve con cuidado!

¡genial!

Hoy, el **grupo de amigos** tan formidable que tengo ha salido de Musical.ly. Saber que hay tantas personas que me siguen y a las que les gusta lo que hago es muy estimulante. Y por más que pase el tiempo mi éxito no deja de sorprenderme. Bucear en Musical.ly para descubrir a tanta gente que hace cosas interesantes, y seguirlas, y conocer a personas a las que les ha pasado como a mí, que han triunfado de la noche a la mañana, y viajar por toda España para encontrarme con ellas, y compartir...,

¡es sensacional!

Como dos niños pequeños

descubriendo
el
mundo
juntos.

Sé
coher

2

ente

Céntrate en lo que sabes hacer...

Cuando empecé, Musical.ly era una red social pensada para **compartir vídeos musicales**, pero a día de hoy la aplicación ha crecido mucho en usuarios y funciones y ha incorporado distintas categorías. Verás **musers** que cuentan chistes, o que explican cómo maquillarse. Encontrarás niños locos por la cocina o que muestran las monerías que hacen sus mascotas. Hay vídeos que enseñan cómo hacer *slimes* y muchos otros experimentos, y un montón de chicos que cuentan sus juegos o sus habilidades extraordinarias con la pelota.

De modo que puedes llegar a plantearte, antes de empezar,

qué tipo de MUSER quieres ser.

Tienes que saber bien cuáles son tus dotes, qué puedes aportar, y entonces cuelga tus musical.lys en la categoría correspondiente. De este modo, quienes busquen una temática concreta, o quienes compartan tus mismos intereses, te encontrarán con facilidad.

...o simplemente
sé tú misma

Con las categorías de Musical.ly, quizá descubras **formas nuevas de expresarte.** ¿Por qué no jugar y probar?

Pero, como te decía, cuando yo empecé no había clasificaciones y entonces no me planteé qué tipo de **muser** quería ser. Simplemente fui yo misma, haciendo lo que me apetecía. Y así sigo. Entro en Musical.ly cuando me apetece, y escojo la música que me gusta. Sobre todo, busco canciones que tengan ritmo, pero también me fijo en la letra, es importante que me mole, que me diga algo. Y me pongo a cantar y bailar siguiendo mi estilo propio, sin más. El rap o el reggaeton, por ejemplo, ¡son ideales!

Yo soy así y así es como me muestro.
No me gusta que me cuelguen etiquetas
ni encasillarme.

Eso sí: si he triunfado es porque he creado un estilo diferente, propio y original.

Porque hago **algo distinto** a los demás.

NIKE
AIR

La música me dice algo

3

Busca el equilibrio

Sé una crack

Por supuesto, para ser una buena *muser* es importante dominar la aplicación y practicar mucho. Musical.ly pone a tu alcance un montón de recursos, y la aplicación evoluciona y cada vez tiene más herramientas.

Al principio no te saldrán bien. ¡Es normal! Yo todavía conservo algunos de los primeros vídeos y aunque a veces siento vergüenza de lo poco que sabía cuando empecé, me hace gracia visualizarlos para darme cuenta de cómo he mejorado la técnica

de la técnica...

y cómo he ido sumando trucos y recursos. Todo a base de práctica y constancia, **¡no te rindas!**

Hay quien, además de las funciones propias de la aplicación, complementa su trabajo con otros programillas de edición de vídeos que tienen un montón de filtros atractivos para aplicar.

Buscarse la vida para mejorar, probar trucos impactantes y asegurarte de que tu musical.ly quede impecable, ¡no está nada mal!

...o deja fluir

Si la técnica es muy importante, la creatividad es **fundamental**. Para mí, la técnica es un 30 % y la creatividad, el 70 %. Definitivamente, ser original y creativa ha sido

mi secreto para triunfar.

Personalmente, a nivel técnico yo solo necesito Musical.ly. De hecho, solo utilizo lo básico de la aplicación; hay muchos efectos, velocidades y filtros que ni siquiera he probado. Las funciones básicas, bien utilizadas, bastan y sobran.

la creatividad

Eso sí: te aconsejo tener siempre el equipo a punto. Si se me gasta la batería a medio grabar, ¡me frustro un montón! Y en eso confieso que soy un desastrillo, porque ando siempre con el móvil al borde de la agonía. Tú **¡sé previsora!**

Aparte de eso, no necesitas muchas cosas ni mucho menos gastar dinero. Al fin y al cabo, **la creatividad es la clave** para que Musical.ly sea un buen recurso para ti, para crecer. Porque ¿qué crees que te va a enriquecer más: pasarte la tarde mirando la tele o jugando al Candy Crush, o creando tus musical.lys?

Contenta con el resultado

4P

iensa antes

Prepararse mucho...

Si te pasas un rato buceando en Musical.ly verás que lo habitual es que la gente suba cualquier cosa. El 90 % de los contenidos son vídeos improvisados. Mucha gente cuelga lo primero que les sale.

No es que eso esté mal: al fin y al cabo, Musical.ly es una aplicación pensada para pasarlo bien, sin más.

Pero si quieres **marcar la diferencia**, cuelga un musical.ly bien hecho.

Pensar de antemano lo que quieres mostrar y cómo lo quieres mostrar, planificar lo que vas a necesitar, escribir incluso un pequeño guion, puede estar bien si crees que te va a ser útil.

...o improvisar

Ahora bien, también puedes **dejar que fluya.** Es uno de mis lemas. Musical.ly no es una obligación, es un hobby que tengo, y lo disfruto.

A mí la inspiración me llega sin más, con una canción, un objeto, una situación o una idea que me invitan a grabar un musical.ly y que me despiertan el instinto irrefrenable de coger el móvil y darle al REC. Y tal como me llega la inspiración, así, sin más, para mí el vídeo también tiene que reflejar esa espontaneidad.

Una grabación larga, quiero decir, con mucha preparación, me da pereza, me aburre y la acabo dejando. Y si haces un musical.ly sin ganas, se nota.

¡La expresión de la cara transmite mucho!

Por supuesto que hay un trabajo detrás. Al principio, las transiciones no me quedaban perfectas, evidentemente, es cuestión de práctica y de cuidar el resultado. Ahora no cuelgo un musical.ly si no estoy plenamente satisfecha. Lo visualizo varias veces antes de subirlo y tiene que estar impecable. Lo reconozco,

¡soy perfeccionista!

Sin embargo, cuanto más fluido es el proceso, más contenta estoy con el resultado. Procuro no dedicarle más de media hora a un musical.ly. Más allá, tengo la sensación de que se convierte en algo pesado y poco espontáneo.

Si todo fluye, **¡estoy segura de que saldrá bien!**

Por cierto, en algún momento del libro tengo que **ponerme seria** con una cosa muy importante, y me parece que aquí hay un hueco para poderlo apuntar: Musical.ly es una red social. Y como en todas las redes sociales, tienes que ser prudente con lo que cuelgas. No des datos personales como tu dirección, tu número de teléfono o el nombre de tu colegio. Visualiza tus musical.lys antes de colgarlos para verificar que no hay nada que te pueda poner en un compromiso o avergonzarte. Incluso para un momento a hacer un ejercicio extraño pero interesante: piensa si en el vídeo hay algo que pueda hacerte sentir incómoda el día de mañana. Imagínate que algún día eres presidenta del gobierno o directiva de una multinacional. ¿Qué puede pasar si, estando en el Congreso de los Diputados, aparece un vídeo tuyo haciendo locuras?

Vale, no hace falta ir tan lejos. Simplemente **fíjate en tus propios selfies** de dos, tres, cuatro años atrás: ¿te parecen igual de divertidos?

Aunque puedas eliminar los musical.lys, todo lo que cuelgas en el ciberespacio queda ahí para siempre. Incluso si borras la cuenta, seguirán ahí.

¡Sé prudente!

Tu rostro transmite más de lo que crees

5

Com

unícate con tus fans

Interactúa con

¿Qué decir de mis fans? **Me debo a ellas.** Me hacen muchísima ilusión sus reacciones a cada musical.ly que cuelgo, me emociona que hagan comentarios, e intento responder en la medida de lo posible, aunque son tantos que ¡es imposible! Cuando hacen un musical.ly a partir del mío, me gusta comentarlo siempre. Y cuando hacen duetos con mis vídeos, ¡los resultados son muy graciosos!

Además, la reacción de mis seguidoras cuando simplemente les doy un me gusta,

¡es una locura!

tus seguidores...

Para ser una gran **muser**, la interacción con los seguidores es fundamental. Procuro que sepan que leo sus comentarios, que estoy ahí, que los tengo en cuenta. Les pregunto cosas, qué planes tienen para el verano, qué animal les gusta más, porque ¡yo también quiero saber de todas vosotras! Y para animaros a participar, de vez en cuando propongo algun sorteo.

Y conoceros luego en persona, en las quedadas, es lo más.

A veces, las reacciones de mi seguidoras

¡son una locura!

Marcando la diferencia

...y observa a los imitadores

Cuando destacas por tu simpatía y tu originalidad, enseguida te salen imitadores por todas partes. Es normal. Cuando introduje el truquillo del humo, por ejemplo (si te interesa, en la página 112 te cuento cómo lo hago), eso llamó muchísimo la atención y muchos empezaron a hacer lo mismo.

No es para cabrearse, ¡todo lo contrario! A mí me halaga, y además es un **estímulo** para seguir buscando, seguir sorprendiendo. Porque cuando te salen centenares de imitadores que van a hacer exactamente lo mismo que tú haces, significa que es el momento de buscar **nuevos recursos**, nuevas ideas. Cuando has creado un estilo, como yo, llega un momento en que, sea lo que sea lo que hagas, se agota. Que salgan imitadores es el primer indicador para empezar a pensar

algo nuevo.

6

Mantén el equipo a punto

Hazte con los accesorios...

Los accesorios que han ido surgiendo a medida que la aplicación se ha ido haciendo popular, como los *PopSockets* para sostener el teléfono o la tableta, que permiten giros de 360 grados, los anillos traseros para sujetar el móvil o los aros de luz son recursos interesantes que facilitan las cosas y permiten hacer muchísimos **trucos de lo más vistosos.**

¡Pídetelos para tu cumpleaños, o para Reyes!

...o apáñate con lo que tengas a mano

¡Hey! Los accesorios son útiles, pero no imprescindibles. En realidad, yo no necesité nada de esto para triunfar. Ni trípodes, ni focos, ni sujeciones... Al principio utilizaba la linterna del móvil para los efectos de luz. Y he desarrollado un dominio asombroso de mi muñeca para que el móvil gire y voltee a mi antojo. 😜

Vale, no os voy a engañar y es cierto que a estas alturas de mi trayectoria como **muser** ya me he hecho con algunos accesorios que son de gran ayuda. Pero no hace falta ser lo más y tenerlo todo. Si una canción habla de una botella, busco una botella cualquiera, ¡y ahí las risas se multiplican!

Hace muchísima más gracia demostrar tu capacidad para apañarte con lo que tienes.

Eso también es **creatividad.**

Conseguir un
efecto
impactante
me
llena
de orgullo

7

g

Échale ánas

Crea muchos, muchísimos musical.lys...

Algunos **musers** destacan que el secreto de su éxito es ser constantes, practicar mucho y crear mucho, muchísimo contenido.

Apuestan por trabajar duro y perseverar en el esfuerzo. Porque piensan que la inspiración puede llegar en cualquier momento... pero ¡te tiene que encontrar trabajando! (eso no lo digo yo ni ningún otro **muser**, eso lo dijo Picasso).

Si grabas muchos musical.lys, te recomiendo mantenerlos en privado y pasarlos a público únicamente cuando creas que son realmente interesantes. No tiene sentido que vayas colgando tonterías o vídeos poco cuidados. Dejarán de seguirte y ya no tendrás **la motivación** de los *likes*.

... o mejor pocos musical.lys,

pero bien hechos

Como ya he comentado, conozco a **musers** que pasan horas en la aplicación y que se obligan a colgar un vídeo al día. Apuestan por la constancia, cosa que no está nada mal como propósito en la vida, porque es cierto que el éxito no llega sin esfuerzo. Pero sobre todo apuestan por la novedad, por tener cada día algo que mostrar a sus seguidores.

Yo eso no podría ni planteármelo. Para mí, no tendría sentido. Aunque haya triunfado, Musical.ly sigue siendo, ante todo, una aplicación para disfrutar, y **solo grabo cuando me apetece.** Y estoy convencida de que pasarlo tan bien, y transmitir esa alegría, es la clave de mi éxito.

Por otra parte, es cierto que tengo muchos musical.lys improvisados que no son más que chorradas. Pero los mantengo en privado, y antes de subirlos los visualizo las veces que haga falta y no los cuelgo si no me parecen

perfectos.

El trabajo tiene que quedar...
¡perfecto!

8

pr

Crea un estilo opio

Cuida tu look

¡Por supuesto! Si llegas a ser una gran **muser**, te van a ver centenares, miles de personas. ¿Cómo no vas a querer estar presentable?

Hay que estar a la última en todo.

Tanto en la música de moda como en la moda, muestra tu estilo, sea el que sea.

Y cuando hablo de tu *look* hablo también de **cuidar lo que te rodea**. El espacio donde vas a grabar tiene que estar presentable. Mejor que no destaque nada, para que tú tengas el protagonismo, pero procura que sea un sitio bonito y ordenado. Y asegúrate de que no salga tu abuela detrás (al menos que dé su permiso para aparecer en el vídeo).

De verdad, ¿hay que estar siempre estupenda?

Una de las peores cosas de ser una chica es la presión por ser "femenina" y estar siempre guapa. Mi consejo más sincero y de corazón: déjate de presiones, de convenciones sociales y de obligaciones.

Sé como tú quieras ser.

A mí me verás a menudo en chándal. Hasta he hecho musical.lys en pijama. Pero lo cierto es que mi estilo es así, me gusta ir cómoda, y no sería nadie sin mis camisetas y mis sudaderas. Las sudaderas enormes, por cierto, me encantan: si me sigues, ¡lo sabes bien!

Y a veces me visualizo y me doy cuenta de que tengo un careto que... ¡uf!, porque el vídeo lo grabé cuando me acababa de despertar. Esa es también la gracia de mis musical.lys: **¡la naturalidad!**

De vez en cuando visto algo distinto, me hago un tattoo temporal o me pongo un *piercing* en la nariz, y cualquier cosa de estas os llama muchísimo la atención. ¡Hay que ver!, ¡estáis en todo!

Y por supuesto que me gusta cuidar mi pelo —si no tengo doscientos peinados, no tengo ninguno—, que **a veces me maquillo** un poco, aunque no lo hago cada día, o me pruebo alguna prenda nueva que me hace sentir genial. Lo hago porque me apetece. Ante todo pienso que para presumir no hay que sufrir, ¡hay que disfrutar!

Y aparte de mi físico, está el tema del espacio. A menudo hay gente que me comentan, sorprendidos, el hecho de que haga los musical.lys en casa sin cuidar mucho de los fondos. Muchas veces los grabo en la terraza, simplemente con la persiana detrás. En realidad, **todo tiene su por qué:** tengo muy en cuenta que no haya elementos que distraigan de la acción, y sobre todo que haya buena luz. Por eso, aunque no lo parezca, mis ubicaciones están escogidas con mucho cuidado.

Haz
algo distinto

9

rec

Cuida tus ursos

¡Sssssht! ¡No reveles tus secretos!

Muchos me preguntan cómo hago tal cosa o tal otra, sobre todo las transiciones que llaman más la atención. Y, claro, piénsatelo bien, porque como cuentes por ahí tus truquillos, ¡te van a salir imitadores de debajo de las piedras!

En realidad no hago nada que no se pueda conseguir con **un poco de arte y maña**. Utilizo las funciones de Musical.ly, aprovecho lo que tengo a mano y, sobre todo, le doy juego a la imaginación.

¿Para qué quieren saber más?

... o comparte

Apunta bien, porque te confesaré mi truco fundamental: **ser cuidadosa** para que el resultado sea **sutil, limpio e impactante.**

Y a partir de esta premisa fundamental, si quieres llevarla a la práctica, un poco más adelante te cuento mis transiciones más interesantes, aquellas por las que todo el mundo me pregunta:

¿cómo lo haces?

¡parece magia!

tus truquillos

Déjate fluir...

1

So

brevive
al éxito

Ser influencer...

Ser famosilla tiene su cara y su cruz. Que te pidan colaboraciones, viajar y conocer tantos lugares y a tanta gente guapa, publicar un libro... **¡a veces se hace todo tan extraño**, aunque al mismo tiempo es todo muy emocionante!

Cómo llevo eso de ser influencer es una de las preguntas más habituales que me hacen. Y la respuesta es que es contradictorio. Sabes que tus fans te admiran por lo que haces, por cómo te muestras, por cómo vives y, sobre todo, por lo que representas. Yo **soy una chica normal**, y esa es la clave: muchas personas me cuentan que se animaron a hacer musical.lys porque vieron que soy una persona próxima, y que se sintieron identificadas conmigo. No soy un ídolo inalcanzable: ese es el secreto de mi éxito. Cualquier día alguna de vosotras puede llegar a **triunfar como yo**, y entonces ¡yo me convertiré en vuestra seguidora más fiel!

Pero ese éxito llegó tan rápido que a veces no llego a todo. Peticiones, propuestas, compromisos, quedadas, ideas, cartas, comentarios... Veo a mis seguidoras con tanta ilusión que lo paso mal si alguna vez tengo que decir que no.

Lo más importante es conocer a tu público. Saber a quién te diriges, y a partir de ahí tener muy en cuenta qué puedes mostrar y qué no es conveniente. Si algo me hace dudar, ante todo **soy prudente** y no lo publico.

Ser influencer ¡es una responsabilidad muy grande! Pero...

¡qué afortunada me siento!

...o ser simplemente tú

Si te pasa como a mí y un día triunfas en Musical.ly, por favor: no dejes jamás de ser tú misma. No dejes de ser natural.

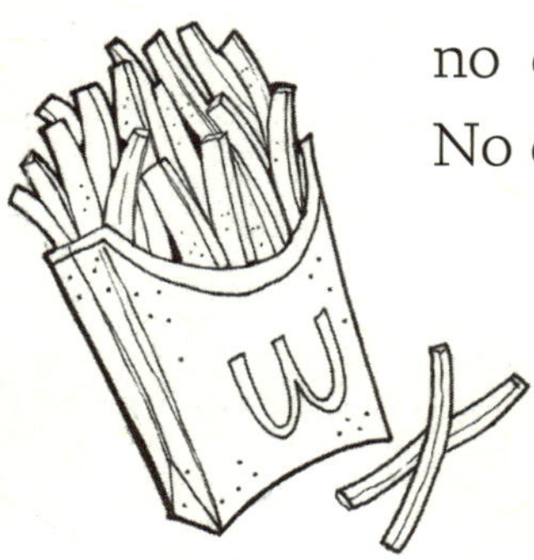

Que no se te suba el éxito a la cabeza.

Y tampoco dejes que tu felicidad y tu autoestima dependan de tu éxito, porque tienes que saber que la fama *es pasajera*.

Estamos hablando de una aplicación de internet que ahora tiene su momento álgido pero que, como ha pasado con tantas otras, un día también acabará. Tarde o temprano, Musical.ly dejará de estar en la ola y **dará paso a otra cosa**. Y entonces ya no seré famosa.

Cuando eso suceda, es posible que también me adapte, o quizá siga siendo conocida en otro mundo. Ahora mismo no lo sé, ni me lo planteo. Lo que es seguro es que, si te pasa como a mí y te tomas la fama como yo me la he tomado, después del paso por el selecto club de los influencers, algo habrás aprendido de la experiencia. Seguro, segurísimo, que **habrás crecido**.

C

c

osas

y

asos

TRUCOS

Girando y volteando

Los giros de cámara resultan algo mareantes, pero **son la mar de vistosos**. Hay una manera para conseguir giros de 360 grados. Basta con girar el móvil 180 grados para ponerlo boca abajo, con un gesto firme y ágil, aunque no demasiado rápido. Cortamos la grabación y, sin movernos de la posición, colocamos **el móvil bocabajo** por la otra parte de la muñeca, para poder formar el círculo completo al iniciar de nuevo la grabación. ¿Me explico? El resultado final debe ser una vuelta completa. Practícalo, y luego me cuentas.

Transiciones perfectas

Muchos **musers** juegan con la magia de **hacer aparecer y desaparecer objetos**.

Es tan sencillo como cortar la grabación en cualquier momento y reanudarla segundos después, con mucho cuidado para que ni el móvil, ni tú, ni lo que te rodea os mováis lo más mínimo, porque para que el efecto quede bien, la escena y el plano tienen que ser los mismos.

Mi secreto para que estas transiciones salgan impecables es, simplemente, manejar bien el móvil y tener buen pulso para que no tiemble la imagen.

Una de las variantes más divertidas son los **cambios instantáneos de ropa**. Te llevas la mano a la cabeza como para coger la gorra, o tiras de la camiseta; paras el vídeo y lo reanudas con la gorra o la camiseta ya en la mano y luciendo una nueva prenda.

Eso sí, ve con cuidado con no despeinarte. Parece una tontería, pero a mí lo de que el pelo se quede en su sitio **¡me trae de cabeza!** ¡En esto los chicos lo tienen más fácil!

Relájate...
Trabaja sin presiones

Y... se hizo la luz

La iluminación es un aspecto importantísimo. En el momento de dejar de grabar para cambiar o introducir un elemento, asegúrate de que no cambie **la intensidad** de la luz para que no se note el corte. Solo que surja una sombra, o que pase alguien cerca, la transición queda oscurecida, sucia.

Yo no uso focos, así que todavía tengo que ir con más cuidado al utilizar luz natural. Cualquier cambio en la iluminación se hace más evidente en los puntos blancos. Si, por ejemplo, tu ropa o el fondo es blanco y cambia algo en la iluminación, las sombras se notarán más. Ante la duda, es mejor escoger ropas o fondos de otro color.

Otros efectos de luz muy atractivos son **grabar a oscuras** utilizando linternas o aros de luz blanca o de color. ¿Recordáis cuando ibais de campamentos y os iluminabais la cara de cerca para crear un efecto fantasmagórico? ¡Menudos sustos nos llevábamos!

Si llevas ropa blanca, las sombras provocadas por una oscilación de la luz se notarán más.

Y ¿lo del humo?

¿Lo del humo? Tan simple como mantener en la boca el vapor de un vaper —¡solo vapor! ¡Ni se te ocurra ponerte a fumar! ¡Es malo, malísimo para la salud!— y soltarlo en el momento oportuno, casi sin inmutarse y **¡sin ahogarse!**

Quien tiene la **idea...** ...tiene el **éxito**

Y ahora, todo junto

En perfect

Experimenta y crea composiciones dinámicas. **Mezclar los diferentes trucos** y técnicas en un mismo vídeo es lo más. Cortes, giros, cambios de vestuario, humo, luces, velocidades. Creas así un vídeo dinámico que engaña al ojo en todo momento. **¡Mágico y sorprendente!**

sincronía

DICEN de mí...
...mis seguidoras

Cada musical.ly que cuelgo desata una avalancha de comentarios. La mayoría son como los que veis aquí, muy halagadores, y me hacen muchísima ilusión, aunque ¡es imposible responderlos todos! Me encanta cuando me contáis algo personal. Porque

¡yo también quiero saber cosas de vosotras!

aurora5.000
Hoy soñé que te conocía, que me seguías, que hacíamos un musical.ly juntas y que nos íbamos en moto con Jorge e Iván.

valentinalimon19
¡Por fin te dieron la corona! Te la merecías desde hace mucho tiempo (eres la mejor muser, ¡de verdad!).

jarita6
Me encantas, eres mi ídola y me encantaría que hicieses una quedada en Pamplona.

María2000
Sé que no vas a ver esto porque tienes muchos fans y eso, pero quería decirte que voy a apoyarte en todo lo que hagas en la vida y que voy a seguir tus pasos porque quiero ser como tú.
TIKO

Anais

Me encantaría conocerte en persona pero vives muy lejos... Se nota que eres una chica muy talentosa en todos los sentidos.

Axel321

Moni, ¡eres la mejor! Yo uso tus musical.lys como un ejemplo para aprender.

MercheOne

Gracias por sacarme mis mejores sonrisas con tus musical.lys y tus historias contando cosas que te han ocurrido. ¡Eres la mejor!

LOV

Me debo a mis fans

Dicen de mí...

Me da una vergüenza terrible, pero no lo he podido evitar. En cuanto han sabido que estaba escribiendo un libro, han querido participar. Son mis mejores amigos... ¿Cómo negarme? Alejo, bajo estas líneas, fue la persona que creyó en mí desde el primer momento y me contó todo lo necesario para ser influencer. Luego vienen mis musers preferidos: Laura, Jordi e Iván. Son, sencillamente,

¡geniales!

Alejo

...mis amigos

Laura

A Mónica le puedes contar lo que sea. Transmite confianza desde el primer momento. Además, es muy divertida, y también

¡MUY LOCA!

Jordi

Mónica es superalegre y extrovertida. ¡Doy gracias de haberla conocido! Desde el primer día me cayó estupendamente. Lo da todo por sus amigos, sabes que nunca te dejará de lado. Es supersimpática, ¡me encanta como es! La quiero un montón y quiero seguir a su lado toda mi vida.

Iván

Somos muy, pero que MUY IGUALES. Nos tropezamos constantemente queriendo coger la misma cosa, hasta decimos las mismas palabras. Tenemos mucha confianza y nos reímos de todo. ¡Hemos vivido tantas cosas juntos...! Viajes, experiencias, gente... Moni y yo de la mano haciendo planes de futuro.

Iván... ¿qué decir de él?
¡Somos almas gemelas!

Jordi

es super extrovertido.
¡Nos reímos un montón
con él!

¡Más que amigos!

32

EXPERIENCIAS

Las quedadas

Vivir la euforia de las quedadas es uno de los aspectos más impactantes de ser una **muser** famosa.

En la primera quedada, en el parque del Retiro de Madrid, me sentí muy rara. Era precisamente el mismo día caluroso de agosto en que yo acababa de alcanzar los 100.000 seguidores. A pesar de que es una cifra considerable, para mí era un número abstracto y no pensé que viniera nadie a verme.

¡Menuda sorpresa recibir una avalancha de abrazos, besos, regalos, cartas...!

Era mi primer contacto con mis seguidoras, todavía no me había pasado eso que ahora es una constante, y es que me paren por la calle para saludarme, para pedirme un beso y una selfie.

A partir de ahí fue un no parar. La segunda quedada, en Gijón, fue algo improvisado. Ya en diciembre, llegar a la plaza de Cataluña de Barcelona y encontrarla llena a rebosar, fue **brutal**. Fui con mis amigas Laura Mullor y Lucía Bellido, también influencers, y la gente formó un corro a nuestro alrededor. En un momento dado, una nena chiquitina rompió el círculo para abrazarme, y a partir de ahí se armó una gorda. Fue **un baño de masas** hecho de abrazos y de besos del que finalmente tuvieron que sacarme mis amigos a hombros (¿os he dicho ya que soy bajita? ¡Podría haber muerto aplastada por el éxito!). ¡Hasta vino la policía a ver qué se cocía!

Las quedadas son experiencias inolvidables.

Y yo aprovecho este libro para dar las gracias a los padres y madres sacrificados que acompañan a sus hijas a verme y que a veces aguantan largas horas de cola junto a sus pequeñas. Me hace muchísima ilusión encontrarme cara a cara con mis seguidoras y conocerlas en vivo. Aunque la verdad

es que **todavía me abruman algunas situaciones**, como la de ver a las nenas llorar de emoción por mí. La primera vez que vi a una niña llorar solo por el hecho de verme, me di cuenta de **la enorme responsabilidad que tengo**. Al acercarme, me contó lo importante que estaba siendo para ella. Para mí eso fue un punto de inflexión, aunque todavía hoy, cuando vivo estas situaciones, no sé cómo reaccionar.

Y a ti, que me lees,

¡en la próxima quedada espero conocerte!

Todo pasa
por algo

Encuentros

Me gustaría contaros la visita que hice a una niña que estaba siendo tratada para curarse de un cáncer en el Hospital General de Alicante. No solo por la ilusión que le hizo verme, sino también por el impacto que ella causó en mí.

Jamás hubiera imaginado que mi simple presencia pudiera tener **un efecto tan maravilloso** en una persona.

Irene vivía su durísima enfermedad como una campeona. Es una luchadora nata, y la admiro un montón.

Ella me sigue en Musical.ly y un día expresó a su madre el deseo de conocerme. Nada más fácil... y al mismo tiempo, ¡tan difícil! La visité ya en su casa, con mucho respeto, me impresionó mucho su situación y no sabía muy bien qué decirle... Pero lo emotivos

cierto es que ella no necesitaba mucho más de mí que el simple hecho de estar ahí un ratito a su lado. Luego la visita me hizo reflexionar. ¡Qué suerte tengo de estar sana! **¡Qué importantísima es la salud!** y, aún más, ¡qué esencial es tener ilusión por vivir!

Luego me contaron que en algún momento de desánimo, solo con hablar un ratito con ella, Irene se animaba.

¡Es una luchadora!
¡Qué ganas tengo
de volver a verla!

Viviendo una experiencia inmensa

Las charlas en las escuelas

Varias escuelas me han pedido que dé charlas para explicar el valor educativo de Musical.ly. Es una experiencia interesante porque los chicos y chicas ven que soy como ellos y que he llegado a la fama con herramientas cotidianas y al alcance de todos.

Esto de ser famosa es muy llamativo, pero sobre todo me gusta remarcar que Musical.ly es una aplicación para dar rienda suelta a la

creatividad.

De modo que la próxima vez que tus padres te vengan con la típica queja de que estás enganchada a los musical.lys en lugar de estar estudiando o haciendo algo "productivo", diles que con Musical.ly **estás haciendo algo creativo**. Porque no me dirás que no es mejor crear y editar tus vídeos que pasar la tarde aburrida mirando la tele o jugando a videojuegos. Y si se siguen quejando, te sugiero que les pongas este libro como ejemplo. Con todo lo que hay por contar sobre el mundo de Musical.ly, y todo lo que se puede conseguir

¡a ver si siguen pensando que no es algo productivo!

Pues este tipo de cosas es lo que cuento en las escuelas. Además, por supuesto, de responder a las preguntas de los chicos y chicas, que suelen interesarse sobre todo por cómo llevo esto de ser famosa. Y les cuento un poquito lo que ya he explicado en la introducción de este libro, así que si te interesa este asunto, te toca regresar al principio.

Ser un referente...

¡qué gran responsabilidad!

PRUEBA de COMPRA

@monismurf

NY
OREO
ORIGINAL
nutale